DE LA DISTRIBUTION

DES

BULLETINS DE VOTE

PAR LES AGENTS SALARIÉS DES COMMUNES

————

Affaire du Conseil municipal d'Alais

————

Consultation

Adhésions — Pièces justificatives

〜〜〜

PARIS

IMPRIMERIE P.-A. BOURDIER, CAPIOMONT FILS ET Cⁱᵉ

RUE DES POITEVINS, 6

CONSULTATION

Les conseils soussignés,

Vu la délibération du conseil municipal d'Alais du 10 novembre 1868, -

Vu l'arrêté de M. le préfet du Gard du 28 novembre 1868, qui déclare nulle ladite délibération,

Adoptent les résolutions suivantes :

I. — L'art. 23 de la loi du 5 mai 1855 donne au préfet, en conseil de préfecture, le droit de déclarer la nullité de toute délibération d'un conseil municipal portant sur un objet étranger à ses attributions.

C'est par application de cette disposition que M. le préfet du Gard s'est cru autorisé à déclarer nulle la délibération par laquelle, sur la proposition de M. de Roux-Larcy, le conseil municipal d'Alais a émis le vœu qu'à l'avenir les agents de la mairie, chargés de la distribution des cartes électorales, ne pussent être autorisés à distribuer en même temps les bulletins de vote et circulaires d'aucun des candidats qui se présentent au suffrage des électeurs.

II. — Le vœu émis par le conseil municipal d'Alais excédait-il, en effet, les limites de ses attributions ? Il est difficile de le soutenir en présence de l'article 24 de la loi du 18 juillet 1837, qui permet aux conseils municipaux d'exprimer leurs vœux sur *tous les objets d'intérêt local.*

Le sens de cette disposition est facile à saisir. En dehors des objets déterminés sur lesquels le législateur a appelé les conseils municipaux soit à statuer définitivement soit à émettre un avis, il a voulu que le conseil municipal pût être sur toutes les questions qui présenteraient un intérêt local l'organe naturel des besoins de la commune ; quelle que soit la matière qu'il s'agisse de régler, quelle que soit l'autorité à laquelle il appartienne de statuer, le vœu du conseil municipal pourra toujours être exprimé, s'il se place non au point de vue des intérêts généraux du pays, mais au point de vue des intérêts particuliers de la commune. Aussi, après avoir posé le principe dans toute son étendue dans le paragraphe 1er de l'art. 24, le législateur a-t-il pris soin d'en déterminer la véritable portée en y apportant dans le paragraphe 2 cette unique restriction : « Il ne peut faire ni publier aucune protestation, proclamation « ou adresse. »

Le sens de cet article ressort d'ailleurs clairement des discussions législatives.

« Au moyen de cette disposition, disait l'éminent rapporteur de « la loi de 1837, M. Vivien, une délibération portant sur les intérêts « de la commune ne sera jamais considérée comme étrangère aux « attributions du conseil municipal ; elle sera à l'abri de l'annula-

« tion... Afin de prévenir l'emploi irrégulier de ce droit général,
« nous exprimons en termes plus généraux et plus complets l'inter-
« diction pour les conseils municipaux de faire, ni publier aucune
« protestation, proclamation ou adresse. »

« La loi sur l'organisation municipale, ajoutait-il, en répondant
« à un député qui demandait la suppression de l'article, dispose que
« toute délibération d'un conseil-municipal portant sur des intérêts
« étrangers à ses attributions sera nulle de plein droit. D'un autre
« côté, nous avons procédé par désignation spéciale des attributions
« des conseils municipaux. Il était nécessaire d'ajouter à ces attri-
« butions une compétence générale pour tous les objets qui inté-
« ressent la commune, pour que toutes les délibérations des conseils
« municipaux, qui seront étrangères à leurs attributions détermi-
« nées, ne pussent pas être frappées de nullité. Le conseil municipal
« est le représentant de la commune, il est l'organe des vœux qui
« intéressent la localité, et le meilleur moyen de faire que tous ses
« vœux ne trouvent pas des organes illégitimes et irréguliers, c'est
« de les faire présenter par le conseil municipal qui est investi par
« la loi du soin de défendre et de représenter les intérêts de la
« commune. »

III. — M. le préfet du Gard a méconnu ces principes en déclarant
nulle la délibération du conseil municipal d'Alais. C'est à tort
qu'il a reproché à ce conseil d'être sorti de ses attributions en critiquant les mesures prises par l'administration municipale. Sans
doute, le conseil serait sorti de ses attributions s'il s'était immiscé
dans l'administration active de la commune ou s'il avait adressé au
maire à cet égard soit une injonction, soit une défense.

Mais telle n'est pas la portée de la délibération du 10 novembre :

c'est *un vœu* qu'a émis le conseil municipal ; il a exprimé le désir de voir cesser un abus qui depuis un certain nombre d'années s'était produit dans la commune. Gardien des intérêts moraux et matériels de la cité, il a émis le vœu qu'à l'avenir les agents salariés de la commune ne fussent plus transformés en courtiers électoraux et associés ainsi à un système de pression attentatoire à la liberté du vote. A ce double point de vue l'intérêt communal se trouvait engagé dans la question : c'est au nom et dans la limite de cet intérêt, et sans s'arrêter à des considérations de politique générale, que le conseil municipal a usé du droit que lui conférait l'article 24 de la loi de 1837.

IV. — Par ces motifs, les soussignés estiment que la délibération du conseil municipal d'Alais a été régulièrement prise , que c'est à tort que M. le préfet a annulé cette délibération et que le conseil municipal est fondé à se pourvoir au conseil d'Etat contre l'arrêté d'annulation.

Délibéré à Paris le 24 décembre 1868.

PAUL ANDRAL,
Avocat à la cour impériale de Paris.

ALBERT GIGOT,
Avocat au conseil d'Etat.

ADHÉSIONS

J'adhère à la Consultation de mes honorables confrères par les motifs suivants :

Employer les agents de la municipalité payés par elle à distribuer des bulletins de vote, c'est évidemment les employer à un service qui n'a rien de municipal ; c'est au contraire les détourner de leurs occupations normales et régulières. Demander qu'ils soient dans l'avenir dispensés d'un pareil service dont l'intérêt municipal peut et doit même souffrir, c'est évidemment aussi exprimer un vœu sur *un objet de pur intérêt local* (art. 24 de la loi du 17 juillet 1837), sur un objet qui ne saurait être étranger aux attributions des conseils municipaux (art. 24 de la loi du 5 mai 1855).

Un tel vœu ne saurait, à notre avis, être annulé sans excès de pouvoir.

BOSVIEL,

Avocat au conseil d'Etat et à la cour de cassation.

J'adhère complétement à la Consultation de MM. Andral et Gigot.

PAUL JOZON,

Avocat à la cour de cassation.

J'adhère.

J. HEROLD,

Docteur en droit, avocat au conseil d'Etat.

J'adhère.

CH. TENAILLE–SALIGNY,

Avocat au conseil d'Etat.

J'adhère à la Consultation qui précède.

C. HÉRISSON,

Avocat au conseil d'Etat.

J'adhère à la Consultation de mes confrères. Si un maire employait les agents salariés par la commune à son service personnel et qu'un conseil municipal exprimât le vœu que ces agents ne fussent pas ainsi détournés des fonctions pour lesquelles la commune les paie, un pareil vœu serait-il jugé illégal ?

Le conseil municipal d'Alais, en exprimant le désir que les agents salariés de la commune ne fussent pas employés à distribuer des bulletins électoraux au profit de tel ou tel candidat, n'a fait que demander la chose la plus naturelle et la plus légitime, à savoir que les fonds de la commune ne fussent pas employés à une destination autre que celle pour laquelle ils ont été votés.

ODILON BARROT.

Le soussigné n'hésite pas à adhérer à l'opinion de ses confrères MM. Andral et Gigot. L'arrêté de M. le préfet du Gard lui paraît comme à eux avoir méconnu et violé tout à la fois le texte et l'esprit de l'article 24 de la loi du 18 juillet 1837 et de l'article 23 de la loi du 5 mai 1855.

Quant au texte, d'abord, il est évident qu'un vœu qui se borne à demander que les agents salariés par la commune ne soient pas employés à un service non communal et non prescrit par la loi, porte sur un objet *d'intérêt local*.

Quant à l'esprit, la démonstration n'est pas moins facile. Lorsqu'un conseil municipal fait *un règlement* dans les cas prévus par l'article 17 de la loi du 18 juillet 1837 et par l'article 1er de la loi du 24 juillet 1867, ou, lorsqu'il prend *une délibération* proprement dite dans les cas prévus par l'article 19 de la première de ces lois, il fait un acte de pouvoir et d'autorité, qui n'est soumis au contrôle et à la réformation de l'administration supérieure que dans les limites et sous les conditions fixées par ces mêmes lois ; le législateur a donc dû déterminer avec précision les matières sur lesquelles le conseil municipal pourrait statuer par voie de *règlement* ou de *délibé-ration*. La même précision n'était pas commandée par les mêmes motifs en ce qui concerne les simples avis, dans les cas prévus par l'article 24 de la loi de 1837 ; néanmoins, comme ces avis doivent nécessairement être demandés, comme l'omission qui en serait faite entacherait de nullité les arrêtés préfectoraux et même les actes du gouvernement ainsi incomplets, il a également fallu énumérer et limiter les matières auxquelles les avis dont il s'agit pourraient et devraient s'appliquer. Mais il n'en est pas de même des vœux : d'une part, ils ne sont jamais obligatoires pour l'autorité dont ils éveillent l'attention ; d'autre part, cette autorité n'est jamais assujettie par la loi à en provoquer l'émission. Il n'y a donc aucun inconvénient et il y a tout avantage à leur laisser une latitude que ne comportent ni les règlements, ni les délibérations, ni les avis, et c'est sous l'empire de ces considérations que la loi de 1837 s'est contentée : 1° de renfermer les vœux dans le cercle naturel de la mission des conseils municipaux, c'est-à-dire dans la sphère des objets d'intérêt local ; 2° d'en régler la forme, en interdissant de les présenter par voie de protestation, proclamation ou adresse.

Sous un autre rapport encore, l'esprit des lois de 1837 et 1855 amène la même conclusion. Si l'on parcourt les art. 17, 19 et 21 de la loi de 1837 et les lois et règlements auxquels se réfèrent le dernier paragraphe de l'art. 19 et le dernier paragraphe de l'art. 21, on voit que ces dispositions comprennent déjà l'immense majorité des affaires d'intérêt local, et qu'ainsi, si l'art. 24 devait recevoir, quant aux vœux, l'interprétation restrictive admise par M. le préfet du Gard, on ne sait plus guère quels seraient les objets sur lesquels ces vœux pourraient porter, alors que cependant l'intention manifeste du législateur de 1837, telle qu'elle a été expliquée par M. Vivien, a été de n'assigner à la compétence des conseils municipaux sur ce point d'autres limites que celles qui viennent d'être indiquées.

Supposons enfin que le conseil municipal, dans l'espèce, eût émis un vœu inverse ; supposons qu'il eût exprimé le désir que les agents salariés de la commune pussent être employés par l'administration à la distribution des bulletins ou de certains bulletins électoraux ; très-certainement M. le préfet du Gard aurait considéré ce désir comme rentrant dans la catégorie des objets d'intérêt local. Mais la loi ne permet pas cette élasticité d'interprétation ; à tort ou à raison, elle n'a pas subordonné la légalité des vœux des conseils municipaux à cette condition qu'ils seraient toujours d'accord avec les convenances momentanées de l'administration, et, alors même qu'il y aurait là une lacune dans son texte, ce ne serait pas au pouvoir exécutif qu'il appartiendrait de la combler. La lacune au surplus n'existe pas, ou plutôt elle existe intentionnellement ; raison de plus pour qu'elle soit respectée.

5 mars 1869.

E. REVERCHON,

Avocat à la cour impériale de Paris, ancien avocat au conseil d'État et à la cour de Cassation.

En adhérant à l'opinion de mes deux honorables confrères, MM. Andral et Gigot, je ne puis rien ajouter aux motifs par lesquels ils la justifient. J'ai assisté et pris part à la délibération de la loi de 1837 ; je puis affirmer que le rapport et les paroles de mon éminent et regretté ami, M. Vivien, étaient l'expression fidèle des sentiments de la Chambre.

2

Rien peut-être ne tient plus aux intérêts d'une commune que le bon et utile emploi du temps et des démarches des agents qu'elle paye. Si un instituteur, un employé de l'octroi, le secrétaire de la mairie ou le garde-champêtre sont détournés de leurs devoirs et livrés à d'autres occupations, il serait fort étrange que le conseil municipal n'eût même pas le droit de s'en plaindre et de signaler cet abus au maire et en même temps à l'autorité supérieure qui, si elle était plus éclairée et mieux intentionnée, devrait lui en savoir gré au lieu de casser ses délibérations.

La distribution des cartes électorales est un service public qui doit être confié aux agents de la mairie, mais la distribution des bulletins de vote et des circulaires des candidats est imposée à quiconque veut se recommander au suffrage universel. Il n'est pas toujours facile de trouver des distributeurs pour toutes les communes d'une circonscription; la rémunération qui leur est due forme un article de dépense assez considérable; comment les agents des mairies pourraient-ils devenir eux-mêmes les distributeurs de l'un des candidats? Serait-ce par ordre des maires? Cela est impossible. Ce serait donner au candidat préféré par le maire un avantage immense, attacher un caractère officiel à son nom, et faire du garde-champêtre, porteur des bulletins, un courtier électoral. Serait-il employé par l'un des candidats? D'agent public il devient agent particulier; il sera fortement exposé à négliger le service public peu rétribué, pour mieux accomplir la mission particulière largement récompensée; la passion politique est promptement mise à la place de l'impartialité qui doit présider à l'accomplissement de son devoir.

Il est certainement dans les attributions d'un conseil municipal d'exprimer le vœu que de pareils abus aient un terme. Il viendra un jour où l'on ne comprendra pas qu'il se soit trouvé des préfets pour décider dictatorialement qu'en exprimant ce vœu, un conseil municipal excédait les droits qu'il tient de nos lois et de la nature même de sa mission.

Paris, 4 mars 1867.

J. DUFAURE,

Ancien Bâtonnier.

L'avocat soussigné, ancien Bâtonnier de son ordre, adhère avec empressement à la consultation qui précède.

Tous les esprits libéraux sont aujourd'hui réunis dans le sentiment commun de l'impérieuse nécessité d'une décentralisation efficace. Le gouvernement lui-même semblait récemment disposé à donner quelque satisfaction à ce grand intérêt public. N'est-il pas étrange, quand on se place à un semblable point de vue, qu'on puisse disputer à un conseil municipal le droit d'exprimer simplement le vœu de voir ramener à leurs attributions véritables les agents de la municipalité elle-même ?

La loi de 1837 ne prête, en aucune façon, son appui à une prétention pareille ; elle permet aux conseils municipaux d'exprimer leurs vœux sur tous les objets *d'intérêt local*, et une question d'administration intérieure comme celle dont il s'agit ici a bien manifestement ce caractère .

E. ALLOU,

Ancien Bâtonnier.

J'adhère à l'opinion émise par mes honorables Confrères.

En exprimant le *vœu* dont il est question, le conseil municipal a défendu un intérêt *matériel* et un intérêt *moral ;* il a donc obéi tout à la fois au texte et à l'esprit de la loi sur la matière.

Il a défendu *un intérêt matériel,* car, il importe que les agents payés pour remplir une fonction ne donnent pas leurs soins et leur temps à des choses pour lesquelles la commune ne peut ni ne doit les payer. Or, ils sont bien dans la limite de leurs fonctions quant ils distribuent les cartes électorales; ils cessent d'y être quand ils distribuent des bulletins de vote ou des circulaires; dans le premier cas ils fonctionnent, dans le second ils intriguent; et quand un *vœu* a pour but de les faire rentrer dans leur devoir, ce *vœu* est sous ce premier rapport parfaitement légitime.

Il l'est aussi au point de vue de l'*intérêt moral ;* quoi de plus légitime en effet que de défendre à des agents de la commune de se mettre à la solde des candidats officiels ou autres? En se mêlant aux distributions de bulletins ou de circulaires, ils se mêlent à toutes les passions de la lutte. De là ces scandales que les vérifications de pouvoirs mettent en lumière et avec lesquels il serait bon et temps d'en finir.

Peut-être l'autorité préfectorale se serait-elle montrée moins sévère si, dans une commune qui se serait assez respectée pour défendre à ses agents de telles ingérences, un conseil avait émis le vœu que ces agents à l'avenir distribuassent et cartes et bulletins et circulaires. Et pourtant c'est dans ce cas seulement qu'il aurait fallu annuler, car le vœu aurait été vraiment contraire à l'intérêt local, au point de vue moral comme au point de vue matériel.

Paris, 18 février.

MARIE

Ancien Bâtonnier de l'Ordre.

S'il est vrai que les lois doivent toujours être interprétées dans le sens le plus favorable à la liberté de l'homme, on ne saurait comprendre comment M. le Préfet du Gard a pu appliquer celles de 1837 et de 1855, en interdisant au conseil municipal d'Alais d'émettre un *vœu* relatif à la conduite des agents de la commune. Si quelque chose a un caractère éminemment *local*, c'est bien à coup sûr l'agissement d'un garde champêtre ou d'un sergent de ville. Cet agissement peut blesser la conscience des habitants de la cité, et prétendre que leurs mandataires doivent rester insensibles à cette émotion, c'est leur faire une injure très-cruelle. Or, comment soutenir en simple et bonne morale, que la distribution des bulletins du candidat officiel accompagnant celle des cartes d'électeur ne soit pas un abus condamnable? Sur ce point chacun est fixé, et M. le Préfet du Gard n'aura pas le pouvoir de rendre honnête et convenable ce qui ne l'est pas. Voici donc un conseil municipal lancé pour avoir émis un *vœu* conforme à la saine morale. Et on en est réduit à se demander si cette morale est *locale* ou *générale*. Le conseil soussigné estime qu'il est plus qu'imprudent de poser de telles questions surtout quant on a la prétention de les résoudre dans un sens que l'opinion publique ne saurait avouer. Mais en revenant au droit spécial, il lui paraît comme à ses honorables confrères que le *vœu* est essentiellement *local*. Et tout en désirant qu'il se généralise et que la pratique le ratifie il ne peut que l'estimer parfaitement légal, par conséquent tout à fait à l'abri de la critique préfectorale.

JULES FAVRE
Ancien Bâtonnier.

Chaque commune a ses agents particuliers qu'elle rétribue et qui sont investis d'attributions spéciales ou chargés de certains services communaux. Il est de l'*intérêt local* que ces agents se consacrent exclusivement à la fonction dont ils sont revêtus ou à l'emploi qui leur a été confié. S'ils en sont détournés sous un prétexte quelconque, il y a un véritable trouble apporté au bon ordre qui doit régner dans la commune, et le conseil, élu pour surveiller tous les intérêts municipaux, accomplit son devoir en signalant une telle irrégularité. Les employés de la commune ne sont pas des agents électoraux; comment s'étonner dès lors que le conseil municipal d'Alais ait exprimé le vœu que ses propres agents aient à s'abstenir désormais de la distribution des bulletins ou des circulaires, propagande abusive et irrégulière par elle-même, blâmable et injuste puisqu'elle s'exerce uniquement au profit des candidats patronnés? L'article 24 de la loi du 18 juillet 1837 lui permettait d'émettre ce vœu si légitime; voilà pourquoi j'adhère à la consultation qui précède. Le conseil d'État accueillera favorablement le pourvoi formé contre l'arrêté d'annulation de M. le Préfet du Gard; en le prenant, ce haut fonctionnaire me paraît s'être beaucoup plus inspiré des traditions administratives que de la loi, et avoir implicitement reconnu que le plus redoutable adversaire des candidatures officielles, c'est le suffrage universel lui-même, le jour où il se sera enfin affranchi.

M. DE BELLOMAYRE

Avocat à la cour impériale de Paris.

L'avocat soussigné adhère aux solutions données dans la consultation qui précède.

6 mars 1867.

A. PLOCQUE

Ancien Bâtonnier.

J'adhère à la consultation ci-dessus.

A. BÉTOLAUD

Docteur en droit, avocat à la cour impériale de Paris.

L'avocat soussigné adhère sans réserves à la consultation de
MM. Andral et Gigot.

ERNEST PICARD.

J'estime que ces mots de la loi : *objets d'intérêt local*, ne sauraient
avoir pour but ou pour résultat d'exclure tout objet se rattachant
à la politique. L'*intérêt local*, dans l'espèce, est que les fonctions com-
munales ne soient pas surchargées de travaux et de corvées en
dehors des intérêts communaux, au péril de se traduire bientôt par
des exigences plus grandes au point de vue des traitements ou sa-
laires, ou de la difficulté plus grande de trouver pour ces fonctions
des aspirants que la nature et la fatigue de certaines obligations
pourraient éloigner. Il n'y a, dans le cas soumis, ni *protestation*, ni

proclamation, ni *adresse*; il y a souci d'un *intérêt local*, financier et administratif. Si la politique y a sa part possible, c'est là le sort commun à toutes les questions, mais cela tient surtout, non à ce que les conseils municipaux, comme celui d'Alais, font de la politique à propos de municipes, mais à ce que trop souvent, en trop de lieux, depuis trop longtemps et avec beaucoup trop d'intensité, les maires font de la politique avec le personnel, le matériel et les finances de la commune. Quelle est l'institution qui resterait maîtresse de son objet, si elle devait s'en abstenir partout où, en s'y renfermant et pour s'y maintenir, elle témoigne le désir d'en voir exclure la politique? Cette simple question est une réponse péremptoire à la question posée.

VICTOR LEFRANC,

Avocat à la Cour impériale de Paris.

Le soussigné adhère pleinement à la consultation délibérée le 24 décembre 1868 par MM. Paul Andral et Albert Gigot. Il estime comme eux que le conseil d'État doit casser l'arrêté de M. le préfet du Gard, qui annule à tort la délibération par laquelle le conseil municipal d'Alais a émis le *vœu* que les agents de la mairie chargés de la distribution des cartes ne fussent plus désormais autorisés à distribuer les bulletins de vote et les circulaires des candidats. La délibération ainsi attaquée émettait un *vœu* conformément à l'article 24 de la loi du 18 juillet 1837 sur un objet d'*intérêt local*. Il y a, en effet, un *intérêt local* incontestable à ce que les agents chargés d'un service communal n'en soient pas détournés par un service d'un genre tout différent, tel que celui de la distribution de profes-

sions de foi ou de bulletins de vote. Les agents de la commune
sont, en ce qui concerne leur service, les délégués de l'autorité municipale, et cette autorité serait compromise si ses délégués appa-
raissaient au même moment comme les instruments dociles de tel
ou tel candidat, de tel ou tel parti. L'avocat soussigné félicite donc
le conseil d'Alais de l'usage judicieux qu'il a fait du droit que lui
conférait l'article 24 de la loi du 18 juillet 1837, en pourvoyant
autant qu'il dépendait de lui à *un intérêt local*. Le déplaisir que
l'exercice de ce droit a causé à M. le préfet du Gard ne suffit pas
pour paralyser cette délibération, car la loi du 17 juillet 1837 ne
subordonne pas l'exercice de ce droit, d'ailleurs si modeste en lui-
même, au bon plaisir de l'administration. Il y a donc lieu de casser
l'arrêté préfectoral qui annule une délibération prise avec autant
d'opportunité que de compétence, et qu'un grand nombre de conseils municipaux se sont appropriée depuis.

HENRI MOREAU.

———

Le soussigné, avocat à la Cour impériale de Paris, adhère à la
consultation de MM. Andral et Gigot, dont il considère la doctrine
comme incontestable, en présence du texte si précis de la loi du
18 juillet 1837.

AM. LEFÈVRE-PONTALIS.

———

L'avocat soussigné est d'avis que la délibération du conseil municipal d'Alais a été régulièrement prise, et que le conseil est fondé

3.

à se pourvoir contre l'arrêté de M. le préfet du Gard qui a annulé cette délibération.

Le conseil municipal en émettant le vœu qu'à l'avenir les agents de la mairie chargés de la distribution des cartes électorales ne pussent être autorisés à distribuer, en même temps, les bulletins de vote des candidats, n'est pas sorti des attributions qui sont fixées par la loi du 18 juillet 1837, puisque l'article 24 permet d'exprimer des vœux *sur tous les objets d'intérêt local.*

Le conseil n'a pas enjoint au maire d'avoir à interdire à l'avenir cette distribution, il n'a pas délibéré qu'il y eut lieu d'infliger à l'administration un blâme parce que cette distribution s'était faite dans le passé ; il n'est pas sorti des limites de ses attributions puisqu'il n'a, en la forme, ni critiqué les mesures prises par le maire, ni prescrit les mesures à prendre.

C'est donc un simple vœu qui a été émis ; a-t-il été légalement émis ? Poser la question c'est la résoudre.

L'emploi utile et impartial des deniers communaux est au plus haut degré une question d'intérêt local ; les employés de la ville sont salariés par elle, et le conseil qui est appelé à voter leur traitement a le droit incontestable de contrôler l'emploi qu'ils font de leur temps ; ils sont payés pour faire un service public. Quand ils distribuent les bulletins et les circulaires d'un candidat, ils ne travaillent pas pour la communauté mais pour un simple particulier. Emettre un vœu qui signale cet abus à l'administration, et l'engager à y mettre un terme est non-seulement un droit mais un devoir pour le conseillers municipaux.

Dans une circonstance identique et après une courte discussion, le maire de la ville de Marseille n'a point hésité à reconnaître qu'une proposition semblable, émanant d'un membre de son conseil municipal, se réduisait à une simple question d'intérêt local ; il la mit aux voix et elle fut adoptée à une grande majorité.

L'avocat soussigné déclare adhérer complètement à la Consultation rédigée par MM. Paul Andral et Gigot.

LÉON DE BARTHÉLEMY.

Délibéré à Paris le 5 mars 1869.

PIÈCES JUSTIFICATIVES

Extrait du registre des Délibérations du Conseil municipal
de la ville d'Alais (Gard).

SÉANCE DU 10 NOVEMBRE 1868

L'an mil huit cent soixante-huit, le dix novembre,

Les membres du Conseil municipal de la ville d'Alais se sont réunis, au nombre voulu par la loi, dans le lieu ordinaire de leurs séances, à l'Hôtel de Ville, pour s'occuper des travaux de la session de novembre.

Étaient présents : MM. VICTOR PAGÈS, *maire, président ;* LAVONDÈS, DE LACHADENÈDE, FABRE, ROCH, DUMAS, DE TUBEUF, DUCLAUX-MONTEIL, MALZAC, GRAL, DESTREMS, RAYMOND, DE THOMASSY, CHABER, VEIGALIER, DE ROUX-LARCY, CAUMEL, CHABAUD, DES HOURS.

M. DES HOURS, élu secrétaire, prend place au bureau.

Un membre fait au Conseil la proposition qui suit :

« Attendu que les agents de la Mairie, chargés de la distribution

4

des cartes électorales, ont l'habitude d'y joindre un bulletin de vote ;

« Attendu que cet usage est évidemment de nature à influencer les résolutions des électeurs ; que c'est dans ce but qu'il est pratiqué et qu'il est par conséquent contraire au principe d'impartiale neutralité qui doit être en matière d'élection la règle de toute administration municipale,

« Émettre le vœu qu'à l'avenir les agents de la mairie chargés de la distribution des cartes électorales ne puissent être autorisés à distribuer, en même temps, les bulletins de vote et circulaires d'aucun des candidats qui se présentent aux suffrages des électeurs. »

Après des observations et explications fournies par le Maire, cette proposition est mise aux voix et adoptée par la majorité, en reconnaissant qu'il n'y a rien de personnel pour l'administration municipale actuelle.

Délibéré à Alais, les jours, mois et an susdits.

Et ont les membres délibérants signé.

Et en marge est écrit :

PRÉFECTURE DU GARD.

Nîmes, le 28 novembre 1868.

Nous Préfet du Gard, séant en conseil de préfecture où étaient présents MM......

Vu la délibération du 10 de ce mois, par laquelle le Conseil municipal d'Alais a émis le vœu qu'à l'avenir les agents de la mairie chargés de la distribution des cartes électorales ne puissent être autorisés à distribuer en même temps les bulletins de vote et les circulaires des candidats;

Considérant que le Conseil municipal d'Alais, en critiquant les mesures que ¡l'administration municipale a cru devoir prendre, dans l'exercice de ses pouvoirs, à l'occasion des élections, est sorti de la limite de ses attributions et qu'il a exprimé un vœu qui tombe sous l'application de l'art. 23 de la loi du 5 mai 1855;

Le Conseil de préfecture entendu,

ARRÊTONS :

ART. 1er. — Est déclarée nulle la délibération du Conseil municipal d'Alais en date du 10 novembre 1868.

ART. 2. — M. le Sous-préfet d'Alais est chargé de l'exécution du présent arrêté, qui sera transcrit en marge de la délibération précitée.

Le Préfet du Gard,
Signé : BOFFINTON.

Pour expédition, le Secrétaire général,
Signé : SALVATOR.

Pour copie conforme, le Sous-préfet d'Alais,
Signé : DE THEZILLAT.

Certifié conforme, le Maire d'Alais,
Signé : V. PAGÈS.

Pour expédition conforme, le Maire d'Alais,
V. PAGÈS.

Extrait du registre des Délibérations du Conseil municipal de la ville d'Alais (Gard).

SÉANCE DU 16 JANVIER 1869.

L'an mil huit cent soixante-neuf, le seize janvier, les membres du Conseil municipal de la ville d'Alais se sont réunis, au nombre voulu par la loi, dans le lieu ordinaire de leurs séances, à l'Hôtel de Ville, sur la convocation du Maire, et en vertu de l'autorisation de M. le Sous-préfet.

Étaient présents : MM. VICTOR PAGÈS, *maire, président ;* LAVONDÈS, FABRE, D'HOMBRES, DE TUBEUF, MALZAC, DUMAS, DUCLAUX-MONTEIL, ROCH, LAFONT, CHABAUD, GRAL, DESTREMS, VEIGALIER, DE THOMASSY, CHABER, RAYMOND, CAUMEL, DE ROUX-LARCY, CHAMBOREDON, DES HOURS, LAUPIES, MARCILLAT.

M. DES HOURS, élu secrétaire, prend place au bureau.

L'ordre du jour appelle la discussion d'une proposition tendant à ce qu'il plaise au Conseil de se pourvoir contre l'arrêté préfectoral en date du 28 novembre 1868 qui annule la délibération du 10 du même mois, relative à la distribution des bulletins de vote par les agents de l'administration municipale.

M. DE ROUX-LARCY, auteur de la proposition, en développe les motifs ainsi qu'il suit :

Le droit de donner un avis sur la manière dont les employés

salariés par la commune remplissent leurs fonctions appartient aux conseils municipaux et dérive de la nature même de leur mandat.

Le vœu émis dans la séance du 10 novembre n'a d'autre signification que celle-ci : La commune d'Alais entretient à ses frais un certain nombre d'agents, dont les fonctions sont déterminées ; or, il se trouve qu'au moment des élections, ces agents, sortant de leur service habituel, sont employés à distribuer des bulletins de vote, circulaires, professions de foi, etc. Le Conseil a constaté que ce n'était pas pour cet objet que ces agents étaient rétribués par la commune ; il a demandé qu'ils se renfermassent dans la limite de leurs attributions.

Ce sentiment du Conseil a été exprimé, non sous forme d'injonction ou de défense, mais sous la forme la plus régulière : par un vœu.

Ce n'est point, comme le déclare l'arrêté préfectoral, une critique de l'administration municipale, c'est la simple constatation d'un fait, ainsi que le démontre la rédaction même du procès-verbal. M. de Roux-Larcy conclut à la nécessité du pourvoi au double point de vue de la dignité du Conseil et de son intérêt. Il n'y a d'ailleurs aucun conflit. C'est une simple question d'attributions. Le Conseil suit la voie légale. Condamné devant la première juridiction, il en appelle à une juridiction supérieure.

Le Maire combat la proposition ; il en reconnaît la légalité, mais il en conteste l'opportunité. Il ne veut pas rentrer dans le fond de la question qu'il a déjà traité devant le Conseil, et qui lui paraît jugé par l'arrêté préfectoral. Un motif de convenance lui paraît devoir faire rejeter le pourvoi. Le Conseil a jusqu'à présent entretenu les meilleurs rapports avec l'autorité préfectorale, il ne doit pas prolonger un conflit, regrettable à tous les points de vue. Sa dignité n'est nullement en cause, et ne peut en recevoir la plus légère atteinte. En émettant le vœu qui fait l'objet de la délibération annulée, il avait la conviction de rester dans la limite de ses attributions. L'arrêté préfectoral a décidé que ce vœu portait atteinte aux droits de l'administration municipale, et qu'en l'émettant le Conseil était sorti des limites que la loi lui assignait. Ce n'est pas une question de dignité, mais d'interprétation de l'art. 23 de la loi municipale de 1855, sur laquelle le Conseil a pu se tromper. Aucun intérêt sérieux ne doit le pousser à recourir au pourvoi : l'arrêté préfectoral sera probablement confirmé. Le Conseil d'État donnerait-il raison au Conseil, que le vœu qu'il a émis n'en recevrait pas une plus grande autorité. Ce ne sera jamais qu'un vœu qui n'aura d'importance et d'efficacité que celle que voudra lui attribuer l'autorité à laquelle il s'adresse.

Par ces motifs, le Maire invite le Conseil à rejeter la proposition faite par M. de Roux-Larcy.

Après des observations de deux membres, dont l'un combat la proposition, que le second appuie, et une réplique de l'auteur de la proposition,

Le Conseil municipal :

Vu l'arrêté rendu par M. le Préfet du Gard, séant en Conseil de préfecture, le 28 novembre 1868, portant annulation de la délibération prise à la date du 10 du même mois, par le motif que « le Conseil municipal, en critiquant les mesures que l'adminis- « tration municipale a cru devoir prendre, dans l'exercice de ses « pouvoirs, à l'occasion des élections, est sorti de la limite de ses « attributions, et qu'il a exprimé un vœu qui tombe sous l'appli- « cation de l'art. 23 de la loi du 5 mai 1855 ; »

Considérant, en fait, que le Conseil municipal n'a pas eu à

critiquer des mesures que le Maire aurait prises à l'occasion des élections, puisque ce magistrat ne saurait être responsable d'ordres qu'il n'a pas donnés lui-même aux agents municipaux, ainsi qu'il résulte de la réserve formellement exprimée à la fin de la délibération précitée ;

Considérant, en droit, que le Conseil n'a fait qu'émettre un vœu dans les limites autorisées par l'art. 24 de la loi du 18 juillet 1837, ainsi conçu : « Le Conseil municipal peut exprimer son vœu sur « tous les objets d'intérêt local. Il ne peut faire ni publier aucune « protestation, proclamation ou adresse ; »

Considérant qu'il ressort de la discussion législative que cet article a été inséré à la suite des dispositions qui déterminent les attributions *actives* des conseils municipaux, afin qu'il fût possible à ces assemblées d'exprimer leurs vœux sur tous les objets qui se rapportent aux intérêts moraux et matériels de la commune, à la seule condition de ne point toucher aux questions d'intérêt général sous forme notamment de protestation, de proclamation ou d'adresse ;

Considérant que, sous ce double rapport de la forme et du fond, la délibération du Conseil municipal est irréprochable, puisqu'elle consiste dans un vœu d'intérêt purement local, se référant exclusivement à certains actes accomplis par les agents salariés de la commune d'Alais, et ne s'occupant pas de ce qui se fait ou devrait se faire ailleurs ;

Considérant que lorsqu'il ne s'agit que de simples vœux ou désirs exprimés avec modération et convenance, la loi doit être entendue dans un sens large et libéral plutôt que restrictif :

Décide, à la majorité de dix-sept voix, qu'il se pourvoit devant l'Empereur en son Conseil d'État, contre l'arrêté précité de M. le Préfet du Gard, pour fausse application de l'art. 23 de la loi du

5 mai 1855, et charge M. le Maire de prendre toutes mesures et faire toutes démarches nécessaires pour ce recours, qui est formé de conformité au paragraphe 2 dudit article.

Délibéré à Alais, les jours, mois et an ci-dessus.

Et ont les membres délibérants signé à la minute.

Pour expédition conforme,

Le Maire d'Alais,

V. PAGÈS.

Paris. — Imprimerie de P.-A. Bourdier, Capiomont fils et Cie, 6, rue des Poitevins

www.ingramcontent.com/pod-product-compliance
Lightning Source LLC
Chambersburg PA
CBHW060817280326
41934CB00010B/2728